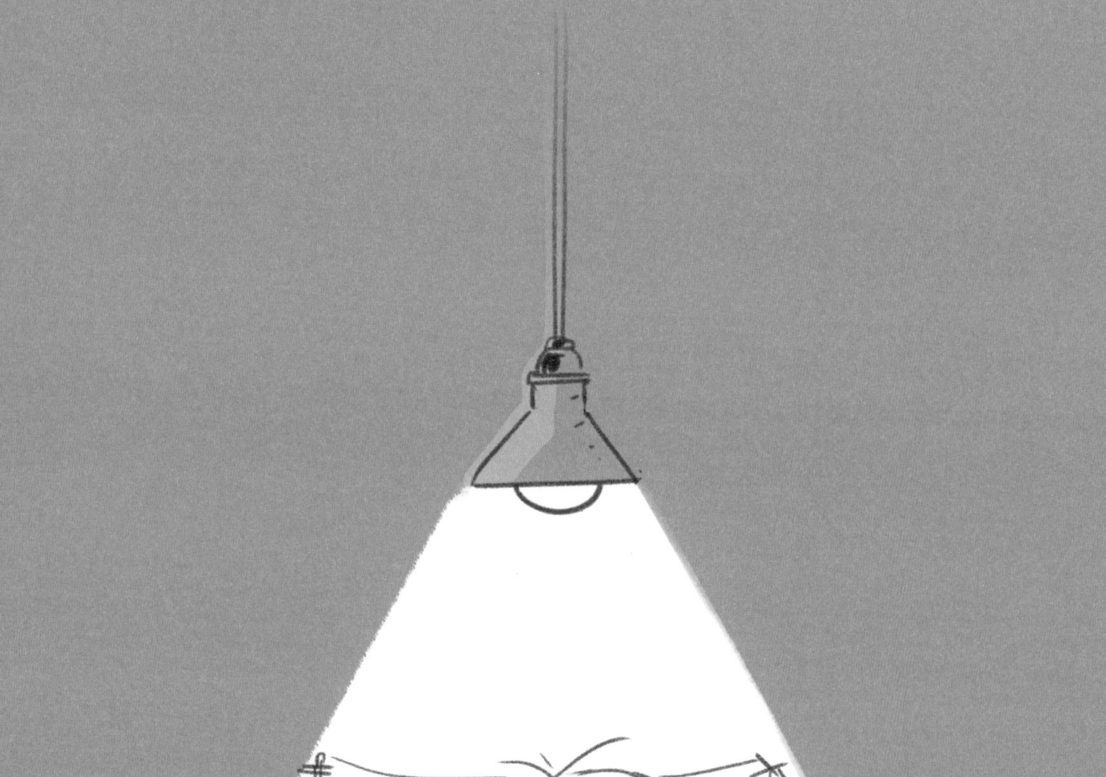
TITANIC

Mon Papy

TITANIC

Scénario
FALZAR
Dessins & couleurs
MARCO PAULO

BAMBOO ÉDITION

PREMIÈRE ÉDITION - Dépôt légal : avril 2023 - ISBN : 978-2-8189-9784-0
Imprimé et relié en France par PPO Graphic, 91120 Palaiseau

Pour être alerté de la sortie du prochain album, rendez-vous sur www.bamboo.fr/alerte-nouveaute

PEFC 10-31-1800 / Certifié PEFC / Ce produit est issu de forêts gérées durablement et de sources contrôlées / pefc-france.org

Le départ

37
Groumpf !
Groumpf !
35
Et une de plus ! J'ai presque battu mon record !
Lulu
J'en ai assez ! Tu entends ?!
?!
Groumpf ! Groumpf !
Tu n'avais qu'à pas...
Et toi, si tu étais moins...
Je t'ai déjà demandé de...
Tu fais toujours ce que...
STARK ?
MIOU
VLAN
Voyages Mufasa.com
Partez... comme si vous ne deviez plus jamais revenir !
36
34
32

Salut, Papy !
Quel bon vent t'amène ?
Rose ?!
Eh bien voilà, je...
Entre vite, tu vas m'aider !
Il ne doit pas être loin, je l'ai fait tomber au moment où tu as sonné...
?
Le voilà !
Un « Titanic » sans ses vingt canots de sauvetage,
... c'est comme une équipe de foot à dix joueurs !
TITANIC
Si je comprends bien, toi aussi, tu cherches un canot de sauvetage ?
Tu es toujours la bienvenue. Tu es ici comme chez toi !
Oups !
Depuis ton dernier passage, j'ai un peu... « rangé »...
Je vais plutôt t'installer dans l'ancienne chambre de ta maman !
?
KURT COBAIN
ALF
GEORGE

C'est vrai que c'est un peu vieillot, ici ! Si tu veux, on pourra la repeindre...
C'est l'armoire à vêtements de ta maman...
Tu as tout gardé ?!
Maman a vraiment porté ça ?
Elle aussi a eu sa période rebelle...
C'est quoi, ça ?
1995
1994
1993
1992
1990
Une toise.
Ta maman avait hâte de grandir !
Elle t'a vite rattrapé !
Eh oui...
C'est joli...
Ta maman était un peu artiste...
Tiens ? Le dessin s'arrête...
Elle n'avait plus d'idée, sans doute...
Tu m'avais interdit de continuer, oui !
?!
Céline ?
« Ça ne se fait pas de dessiner sur les murs ! » Résultat : plus de télé pendant une semaine !
Maman !

?
D'ailleurs, il y a un dernier dessin que j'ai fait...
Si je me souviens bien...
?
Ha ha ! J'étais tellement fâchée !
Désolée, Papa...
Mille icebergs !
Hihi !
PAPA
J'étais sûre que tu étais ici !
Je ne supporte plus quand vous vous disputez, Papa et toi...
Papa et moi, on doit prendre du temps à deux, nous retrouver...
Tu préfères rester un peu chez Papy, c'est ça ?
Oui...
Pas trop longtemps, tout de même !
Tu peux revenir à la maison quand tu veux, Rose...
?
... Et dans tous les cas, le jour où tu dépasseras cette ligne...
D'accord ?
Promis, Maman !
Voyages Mufasa.com
Partez... comme ... ne plus jamais revenir !

PAPA
Groumpf !
Grroumpfa !
Ça creuse de chasser, les monstres !
Et puis, c'est l'heure du goûter...
TOC TOC
?
Groumpf !
Des tartines au sirop, comme ta maman adorait.
Mais le sirop n'a pas 30 ans, rassure-toi !
SNIF
Bon appétit, Rose !
Merci, Papy !
PAPA
BIZZZZ
PAPA

En voiture !

?!!!
ALF
Où...
Où suis-je ?
C'est pas ma chambre, ici... ?!
QUOI ?!
Déjà ?!
Papyyyy ! Tu as oublié de me réveiller !
Je vais être en retard à l'école !
MmmffGfrfdtt ?
Tu dois me conduire ! J'ai raté mon bus !
Avec quoi, ma puce ? Je n'ai pas d'auto...
Mais...
Mais où m'emmènes-tu ?
Et ça, c'est quoi, Papy menteur ?!
Aaah oui, celle-là...
La voiture de Mamy.

Ce n'est pas très prudent, Rose... Cette voiture n'a plus roulé depuis... depuis le décès de Mamy.
Papy, s'il te plaît. Je suis pressée !
Héééé... ? Oups !
Tralala ?!...
Je me demandais où elle était passée, celle-là !
Je comprends mieux : elle veillait sur sa famille !
Laisse-les, je me mets à l'arrière !
Hiiiiiiii !
C'est quoi, ici ? Un zoo ?!
Il ne manque plus que des oiseaux...
Comme ceux-là ?
On peut y aller, maintenant.

Papy, tu ne remonterais pas la capote ?
Impossible ! Elle a toujours été bloquée...
Mais Mamy avait LA solution...
... son foulard !
Il a son odeur !
Et il te va très bien.
Bon. Eh bien, quand faut y aller...
Glups
VRROUUUUM
KOF
KOF
Khof !
Khof
VRRÊÊÊT
VRÊÊÊT
?
Bonjour, monsieur Marin !
Bonjour, facteur !
?
Dring Dring !
TÛÛÛT !
POUÊÊÊT
?
Apf apf apf !
POUÊT POUÊT
TUT TUUUT

Pouêêt
Pouêêt
TÛÛÛT
TUUUU TUUUU
POOOO
TÛT
POUEEEET
Papy, je risque vraiment de rater l'école !
Tu crois ?
Bon... Eh bien...
VROOOOOOoo
Larguons les amarres!
Je dois t'avouer une chose, Rose...
Je n'ai jamais conduit de voiture !
Quoi ?!
C'est Mamy qui conduisait.
Moi, je n'ai jamais eu mon permis.
De toute façon, tu... tu te débrouilles très bien...
Tu trouves ?
... et on arrive à l'école!
ÉCOLE R. CAUVIN
WOOOOSHHH
?!

C'était là, Papy !
Je... je ne sais pas comment on freine !
Il doit y avoir un mode d'emploi dans la boîte à gants...
Euh... ?!
Ça, c'est un coup des souris !
Oh ! Et puis zut ! Ça doit être là...
KOUIGN
KOUIGN
KOUIGN
Je pense que les souris se sont aussi régalées avec les câbles des freins !
Mais elles n'ont pas touché au klaxon !
TUT
HI!
BING
TUUUUUUUUuuuuu...
Il ne reste plus qu'à espérer une montée pour ralentir l'auto !
120PIJ
Raté !

Barre à bâbord toute, matelot !
Bravo, Pap...
Piiiiiiiiiii
TRAVAUX
AAAAHHHH !
Il ne devait plus rester beaucoup d'essence dans le réservoir...
C'est le jour des premières fois, Papy...
?
La première fois que je rate un jour d'école...
La première fois que je conduis une voiture.
Et la première fois qu'on s'amuse autant tous les deux !

Mille millions d'icebergs !

Tu vas voir, j'ai ici plein de trésors...
Mfff...
Ce sont les anciens livres de ta maman. Elle les adorait !
Bof...
Il y a de la musique, aussi...
Bof...
Et si tu dessinais ? Tu pourrais faire un joli dessin pour Papa et Maman !
Archi-bof !
Je ne suis pas un bébé !
Alors, je ne vois qu'une solution...
... un bon dessin animé !
Si tu veux...
Captain Flétan
Sur les océaaaans, Captain Flétaaaan combat les méchaaaants...
Retournons aux choses sérieuses !
?!
Mille millions d'icebergs !
?!

Rose ! Tu m'as fait une blague, c'est ça ?
Euh...?
Où est-il ? Où l'as-tu mis ?
Mais de quoi tu parles, Papy ?
Le drapeau de la White Star !
Il était là ! Sur la table ! J'allais le coller quand tu es arrivée !
...
D'abord... si on mettait un peu de lumière dans ta grotte !
Sans drapeau, le Titanic n'est plus le Titanic...
Et puis, ça sent le vieux poisson ici !
C'est ma colle spéciale. Fabrication maison. Y a pas mieux.
Pouah !
Je sais où trouver un drapeau !
TOYS STORE
C'est un TRÈS vieux modèle, Monsieur. Vous avez dû l'acheter... au siècle dernier !
Vous ne pouvez pas commander juste la pièce ?
Notre Toys Store ne suit plus ce... genre d'articles.
Plus personne ne s'intéresse à... « ça ».
TITANIC
Il vous reste à faire les vide-greniers, les marchés aux puces...
...ou aller à la nage dans l'océan Atlantique, au côté de Terre-Neuve !
TOYS S
Où... où ça ?!
Là où a coulé le Titanic, inculte !

Pfffffff
Papy ! Notre voleur de drapeau est revenu dans ton bureau pendant qu'on était sortis !
?
Et il avait faim !
Ça alors, tu as raison !
Là, on dirait des poils de...
On a trouvé notre voleur !
C'est ma faute !
?
J'ai oublié de la nourrir !
Tralala ?
Mmm... C'est bizarre, les chats ne mangent pas n'importe quoi, pourtant...
Les chatons, si !
RRRRR
C'est l'odeur de ma colle qui a dû les attirer !
Il y en a combien en tout ?
MrraaWwWh
Quatre !

En voilà un deuxième !
À l'abordaaaaage !
Aussi intéressé que toi par la télé.
Et celui-là semble préférer ton thé... à ton drapeau !
Hééééé !
Et de trois ! Trois chatons bien excités, qui n'ont pas l'air d'avoir avalé un drapeau !
Mais... tu as raison, Papy !
Le quatrième ne doit pas être en pleine forme. Et quand on est malade, on va où ?
Euh... chez le docteur ?
Chez sa maman !
Il a l'air encore un peu K.-O., le pauvre...
Voilà mon mât !
Il a dû vite comprendre qu'il n'était pas comestible...
Par contre, il a trouvé le drapeau à son goût...
MrrraaaAAAw !

Pas trop déçu, Papy ?
Le chaton a repris de bonnes couleurs, c'est le principal. Je n'aurais pas aimé que le Titanic fasse une nouvelle victime !
Et toi, tu ne t'es pas trop ennuyée, finalement...
C'était génial, cette chasse aux chatons !
ALF
Bon appétit, les pirates.
Et gare à celui que je trouve encore à saboter mon bateau !
BRRR CHOMP
GLUP BRRRR
CHOMP
Il faut que je garde cette porte fermée...
?!

Opération doudou

J'étais en bas, Rose...
Tu ne dors pas ?
À mon âge, ce n'est pas toujours facile de trouver le sommeil...
Et je ne suis pas le seul, apparemment !
Pffff...
Je peux te lire une histoire, si tu veux. Enfin, pas celle-là, évidemment...
Monsieur Kinkin me manque, Papy...
Monsieur Kinkin ?!
MOBY DICK
C'est mon doudou. Je l'ai laissé chez Maman et Papa. J'ai cru que j'allais pouvoir m'en passer, mais... Certaines nuits, quand je fais des mauvais rêves, il me manque...
C'est bête, hein ?
Pas du tout, Rose... C'est normal. Tu sais, mon livre, c'est un peu un doudou pour moi. Je lis quelques pages et ça m'apaise...
Nous irons le chercher demain, ton Monsieur Kinkin. Je téléphonerai à Céline et...
Non ! Je ne veux pas que Maman sache que j'en ai encore besoin ! Je suis grande maintenant.
Alors, nous passerons demain en journée, quand il n'y a personne. J'ai la clef de la maison...
Impossible, Papa est tout le temps là à cause de son nouveau travail. Il nous verrait.
J'ai une idée ! Si on y allait maintenant !
Quoi ? Mais non, Rose, il fait nuit !
Justement ! On ne risque rien, ils dorment !
Allez, Papy, ça va être rigolo ! C'est un peu comme si on faisait un cambriolage !
Non, non et non, Rose ! Il n'en est pas question !
Quand je dis non, c'est non !

Voyages Mufasa.com
Grrrbl...
Tu as la clef ?
Oui, évidemment...
Ce que tu me fais faire, tout de même !
Héééé ?!
Oooh non !
DING
Mille millions d'iceb...
Chuuuut Papy !
Bon, eh bien comme ça, au moins, c'est clair ! On reviendra demain...
De toute façon, c'était de la folie !
On va passer par le muret, avec une échelle.
Et quand on sera dans le jardin, on fera comment, madame « j'ai-réponse-à-tout » ?
Papa laisse toujours la porte arrière ouverte.
Voyages Mufasa.com
Grrnbl grrnbl grrnbl...

Il n'y a plus qu'à passer l'échelle...
Mfffff !
Oups!
Aïe aïe aïe !
KIANG
BIANG
Ça va, personne ne nous a entendus !
Et... et maintenant ? Glups.
Ne bouge pas, Papy !
Ça ne risque pas...
Vas-y, saute !
Ohlàlàlà...
DZOiiiNG
BROUF
Ce que tu me fais faire !
Glups. Il y a quelqu'un !
... une médaille d'or pour la nageuse ukrainienne qui bat d'une longueur toutes ses adversaires...
Ça vient du salon...

Quand il n'arrive pas à dormir, Papa regarde parfois la télé...
Chacun son doudou !
ROONNN fffLLL
Vas-y, je t'attends ici...
MIOU
Ah !
Oups !
POC
?!
BONG BELENG!
Qu'est-ce que... ? Qui est là ?
Céline ? C'est toi ?
C'est fichu ! Tant pis, je vais avouer que...
Pas question !
File ! Je m'en occupe !
Mais... ?
Ce n'est que moi !

Papy Jacques ? Qu'est-ce que vous faites là ?
Eh bien, je... J'avais besoin de... de farine ! Pour faire des crêpes ! Et je ne voulais pas vous réveiller...
C'est réussi !
Des crêpes ? À cette heure-ci ?
Et vous avez laissé Rose seule ?!
C'est-à-dire que... hum...
Il devient un peu bizarre, ton père, non ?
Pfiou ! Quelle aventure...
Merci, Papy, tu m'as sauvée !
Alors, le voilà, ton doudou ? C'est pour lui qu'on a risqué notre vie !
Je te présente Monsieur Kinkin...
Euh... c'est quoi, comme animal ?
Mais enfin, Papy ! Tu le vois bien, tout de même !
Hé bien, j'espère qu'il a faim, ton Monsieur Kinkin !
?
Elles chont délichieuses.
Celle-ci, c'est pour Tralala !

La fête de l'école

BLENG !
KABONG
Glups !
Bravo, mon gars, tu as gagné 10 points.
Jeu de Massac
Ouéééé !
Pêche aux ca
Papy, tu as vu Papa et Maman ?
Non, pas encore...
Le spectacle de ma classe, c'est bientôt. Tu viendras aussi le voir, hein ?
Évidemment!
Tout va bien, monsieur Marin ? Ou devrais-je dire... Papy Titanic ?
Héhé... Rose vous a parlé de moi ?
Je suis la directrice de l'école. Rose est très fière de son papy ! Il paraît que vous réalisez une maquette extraordinaire du fameux bateau...
Oh... il ne faut rien exagérer...
Vous pourriez venir nous présenter ça à l'école!
Vous... vous croyez que ça intéresserait les enfants?
Bien sûr ! Comment faites-vous ?
Eh bien, il faut beaucoup de patience, de calme et...
BIONG
Beleng
Ouééééé ! J'ai gagné, m'sieur! Regardeeeez !
Ah oui... bravo...

Papy ! J'ai perdu Raf et Timour...
Tu veux bien venir jouer avec moi?
Impossible, Rose ! Je dois tenir le stand...
S'il te plaaaiiiit !
Allez-y, je vous remplace, vous avez bien mérité une pause !
Viens, on va au château !
Ah ? Il y a un château ici?
Euh... j'ai passé l'âge, tu sais...
Tu as bien fait du trampoline avec moi !
Allez, zou !
Hééé !
C'est...
la première...
fois...
que je fais...
ça...
C'est chouette, hein ?
DZOING
DZOING
DZOING
DZOING
Hé Rose ! Mme Charlotte nous attend !
On doit se préparer pour le spectacle !
DZOING
Mais... ?!
À toute, Papy !
Hein ?
DZOING
Mais...
comment...
fait-on...
pour...
... s'arrêter ?
DZOING

... et c'est maintenant au tour de la classe de Mme Charlotte qui va vous présenter son spectacle...
... « La danse des légumes » !
C'est la chanson des légumes... ... qui dansent dans le potager !
Tomates et champignons Navets et potirons
Carottes et courgettes Les légumes, c'est chouette !
CLAP CLAP
Bravo ! Vive les légumes !
Je suis le papy de la carotte !
CLAP
CLAP CLAP
Hihi !
Euh... ?
Ça ne va pas, Rose ?
Papa et Maman ne sont pas là !
Ils n'ont jamais de temps pour moi...
Je le savais qu'on arriverait trop tard...
C'est rageant ! J'avais une réunion pour le boulot en visio qui n'en finissait pas !
Un samedi ?!

C'est tout de même incroyable, ça ! Il y UNE fête par an à l'école de ta fille et tu la rates !
Papa, tu es gonflé de me faire la leçon. Dois-je te rappeler qu'on ne te voyait pas beaucoup aux fêtes de l'école quand j'étais petite !
Et si on refaisait le spectacle ? La plupart des enfants sont encore en tenue !
Excellente idée !
Tous les légumes sont là !
Non ! Il manque Madame Charlotte...
Sans elle, ça ne marchera pas !
Ah zut ! C'est trop bête.
Mais son déguisement est là !
Il suffirait qu'un adulte prenne sa place.
Quelqu'un de pas trop grand...
Ni trop gros...
Pour la seconde fois cet après-midi et pour votre plus grand plaisir... la danse des légumes !
C'est la chanson des légumes... ... qui dansent dans le potager !
Je suis la fille de la tomate !
?!

De l'eau dans le gaz

Encore un petit point de colle ici et j'aurai terminé les câbles...
SLAM!
Papyyyyy ! J'ai battu mon recoooord !
SPRUUUUT
Mille milliards d'icebergs ! ROSE ! Je t'ai déjà dit de ne pas entrer dans cet atelier comme une dingue!
Groumpf ! Groumpf !
Biiiip! Biiiip! Biiiip!
Génial ! Ça continue !
Peux-tu arrêter de jouer à ce jeu stupide ?!
Biiiip! Biiiip! Biiiip!
Groumpf ! Groumpf !
Hééééé ?!
Rends-moi mon jeu, Papy !
Pas question ! Confisqué ! Tu deviens abrutie avec ce truc !
Vous, les jeunes, vous êtes obsédés par vos jeux, vos écrans, et plus rien d'autre ne compte !
Ouvrez vos œillères !
Tu n'es pas mon papa !
En effet ! Mais ici, c'est chez moi !
POM POM POM
Marre de ce papy ! Il est temps que je parte d'ici !
D'ailleurs, je suis assez grande, maintenant !
Enfin, presque...

Me voilà bon pour aller me racheter de la colle...
Grmbl !
Où a-t-il mis mon jeu?
Il l'a pris avec lui ! Évidemment !
Méchant papy ! Ça, il n'aurait pas dû !
Je vais... Je vais...

Ça tombe bien, j'en ai justement refait hier. Tu en consommes beaucoup, dis donc !
Quand on aime, on ne compte pas !
Ça va toujours, avec ta petite princesse ?
Y a des hauts et y a des bas...
Tu en as de la chance, en tout cas !
J'aurais bien aimé avoir des petits-enfants, moi !
DROGUERIE du COIN
Miam Miam
Rose ! Devine ce que je ramène !
Allons, descends, je t'ai trouvé quelque chose de...
?!
PAPY il est temps de voir si ton bateau peut naviguer, non ? Je suis au parc.
Non ?!
Elle n'a pas osé... ?!
?!

Apf
Apf
Apf !
Le bassin central !
Elle a dû le mettre dans le bassin central !
Splif
PlATCh !
Rose ?!
Le Titanic ! Où as-tu mis mon Titanic ?
Et toi, où as-tu mis mon jeu ?
Monsieur, veuillez sortir de là immédiatement ! Vous effrayez les enfants !
OUiiiiiNNNN, mon bateau !
Oups !
Papy, réfléchis un peu. Comment j'aurais pu transporter ton bateau toute seule ?
Brohum... Où est-il passé, alors ?
Je voulais juste te faire une blague...
Ouf ! J'étais tellement furieux que je n'ai rien vu !
Vous, les vieux, vous êtes obsédés par vos jeux et plus rien d'autre ne compte ! Il faut ouvrir vos œillères !
HéHé !

Le paradis de papy

Le paradis, c'est là où on allait, Mamy et moi, quand on partait se balader... Tu vas voir, c'est magnifique !
Il est loin, ton paradis ?
Non, pas très loin. Et très simple à trouver, il suffit de suivre la direction du soleil...
VRRRR
Trois kilomètres à pied, ça use, ça use, trois kilomètres à pied, ça use les souliers...
Où vas-tu, Rose ?
Ben... je suis le chemin !
Il faut suivre le soleil, je t'ai dit !
Il y a trop d'orties par là !
Ça pique !
Mouais... C'est vrai que ça fait des années que je ne suis plus venu par ici...
Viens ! Je vais te porter
Euh... tu es sûr que ça ira, Papy ?
Bien sûr... humf...
Hoo Hoooo...
Haaaaaaa !
Humf... On va faire autrement !

Et voilà, comme ça, tu as une combinaison anti-orties !
Peut-être, mais il fait drôlement chaud là-dessous !
C'est fou de se dire que cet arbre était déjà là quand vous veniez, Mamy et toi !
Ah oui, sûrement...
Et ces vaches aussi, peut-être...
Je ne les reconnais pas en tout cas...
Hihi !
On fait la pause goûter, Papy ? Je commence à avoir faim.
Bonne idée...
Oh non !
Quoi ?
Le goûter ! Les biscuits ! Je... j'ai oublié de les remettre dans le sac !
Je connais un chaton qui doit être rudement content !
Suis-moi !
Un peu plus loin, on va trouver un super goûter !
Avec Mamy, on avait repéré un verger, plus haut... Avec plein de cerisiers qui donnent de délicieuses cerises ! Bien rouges et bien juteuses ! On va se régaler !
Génial !
Ça alors ?! Où sont-ils mes cerisiers, mille millions d'icebergs ?!
Ils étaient là !

Là, Papy !
Il ne reste qu'un seul arbre...
Ne bouge pas ! Je vais chercher notre goûter, Rose !
Raaah ! GLUPS !
GrrRRRrr ! Waf waf waf !
Bah, on trouvera autre chose ! C'est toujours par ici ?
Oui, face au soleil, toujours !
Ah ! Je me rappelle cette petite chapelle.
Encore 100 mètres et on arrive au...
... paradis...
C'était ici, Papy ?
Euh... oui. Mamy et moi, on s'asseyait sur le banc et on avait une vue sur la vallée...
... magnifique...
J'aurais dû m'en douter. Cela fait des années que je n'avais plus fait cette balade et...
CRRAAK !
Eh bien, il n'y a plus qu'à reprendre le chemin de la maison.
Déjà?
Oui... Je me sens un peu fatigué...

Deux kilomètres à pied, ça use, ça use,...
Trois kilomètres à pied, ça use les souliers...
?
Papy !
?
Rose ?
Je suis ici, Papy...
Oh !
Qu'est-ce que tu en penses ?
Un nouveau... paradis !
Je crois que Mamy aurait bien aimé.
Et en plus, il y a des framboises !
C'est bon, les framboises.
C'est meilleur que les cerises, même !
Hihihi !

(Vive) les vacances

On a loué au camping des « deux rivières ». Tu te rappelles ? Tu adorais cet endroit, quand tu étais petite...
Ah oui ! Avec la piscine et le trampoline géant ?
Génial... Ce... C'est fantastique ! Et... et vous partiriez quand ?
Demain.
Euh... Papy...
Ta glace !
Oups ! Quel vieil imbécile, je fais !
HiHi !
C'est ta dernière soirée avec Papy. Pas de dispute, hein ?!
Last Minute
Promis !
Je vais préparer le repas...
Je n'ai pas très faim, Papy. La glace m'a un peu coupé l'appétit...
Euh... oui, moi aussi.
On pourrait regarder un film, ensemble, plutôt ?
Bonne idée !
Au revoir, bouh...
C'est triste, hein, Papy ?
Brohum...

Tu veux encore du café, Papy ?
Non merci, ma puce.
KÔT
Et toi, tu ne reprends pas de céréales ?
Non merci...
KÔT
Ah ! Ça doit être Maman et Papa.
DING DONG
Eh bien, allons ouvrir...
28
KÔT
C'est le grand jour ?
Oh oui !
Ça va nous faire un bien fou, ces vacances !
Et voilà !
Tu as tout, Rose ?
Oui, oui...
Ton jeu ! Tu allais oublier ton satané jeu !
Ça, c'est la meilleure !
Oups !
Mais promets-moi de jouer dehors et de regarder le paysage, aussi !
Promis, Papy !
ZA13D
Et toi, tu termines ton bateau, hein ? Tu n'auras plus personne pour te déranger !
En un mois, ça devrait être suffisant...
Un mois...
32

Eh bien... au travail !
Bon, je vais d'abord ranger un peu sa chambre...
Je vais plutôt faire un tour pour me changer les idées !
Partez loin. Ou pas loin. Mais partez malin !
Voyages Mufasa
Sur les dunes du Sahara. Des îles Fidji au Fujiyama Une seule adresse Voyages Desireless
Partez loin. Ou pas loin. Mais partez malin !
Partez comme si vous ne deviez jamais revenir

BOMBAAAAAAAAAAAA
SPLACH
Ha ha ! Trop fort, Rose !
Á mon tour !
Je dois y aller. Mes grands-parents m'attendent
?
Tu es avec tes grands-parents ?
Oui, c'est trop génial ! Je peux faire tout ce que je veux, avec eux.
La chance !
Á demain !
...
On y va, Rose. Il commence à faire plus frais.
Á demain, Adam.
Je voudrais écrire à Papy.
Quand j'étais petit, on envoyait des cartes postales.
Ça lui fera super plaisir !
Tu peux lui envoyer un message.
Tiens, prends mon portable.

On devrait donner un portable à Rose, à la rentrée.
Rose est bien trop petite !
Peut-être, mais ce serait bien pratique si elle revient chez nous !
Pas question ! Je suis contre les portables chez les enfants ! C'est à nous de nous organiser pour elle !
Ah oui ? Donc, tu es prêt à être plus disponible ?
NOUS devons NOUS organiser. Tous les deux !
« Comment ça va, Papy ? J'espère que tu ne t'ennuies pas trop sans moi. Ici, je me suis fait des copains. Mais les parents recommencent à se disputer ! Et j'en ai marre ! »
Bilip
Mut mut
?
Mais... ?!
Eh bien, si tu en as marre des disputes, tu peux t'installer chez moi !
Papy ?! Ça alors ! Qu'est-ce que tu fais là ?
J'ai droit aussi à un peu de vacances, non ?
Accueil

Et ton bateau, Papy ? Ça avance ?
Tu ne l'as pas pris avec toi ?
Il ne rentrait pas dans ma valise, hélas !